Encontraremos en este libro diversas ideas y propuestas para conectar acordes y progresiones armónicas con el bajo. En el Jazz, aunque también en otras músicas, suele ser común el uso del bajo caminante o walking bass. Este tipo de técnica ha sido popularizada por grandes contrabajistas de jazz a lo largo del siglo XX. Sin embargo, es un recurso también usado por pianistas y guitarristas quienes imitan este tipo de acompañamiento en su propio instrumento.

El bajo caminante consiste principalmente en un bajo que marca cada tiempo del compás, por lo general en figuras de negras y en distintos tipos de métricas, aunque muy común en compases 4/4 y ¾.

Si bien se adapta a distintos tempos, su uso ha sido habitual en el swing como así también en el bebop.

La principal característica del bajo caminante es –como su nombre lo indica- la capacidad de crear movimiento en las líneas de bajo ejecutadas, lo más común es por grados conjuntos, utilizando pasos melódicos, pero también trabajaremos con arpegios, triadas y cuatriadas para enriquecer al máximo nuestras líneas de bajo. Trabajaremos con varias posibilidades además de los ya mencionados arpegios, como lo son las notas de paso, cromáticas o diatónicas, que serán de gran utilidad a la hora de conectar acordes.

Veremos algunos patrones o diseños de arpegios Maj7, menores7, aumentados, etc.. De toda índole los cuales nos servirán de mapa y ubicación efectiva de notas en el diapasón.

Otro aspecto o tema importante será el de sustituciones armónicas, ya sea con subdominantes secundarios o sustitución tritonal. Se explicará con detenimiento esto, para poder lograr finalmente líneas melódicas y sonoridades asombrosas en el instrumento, pero por sobre todas las cosas poder comprender determinados movimientos y patrones que liberen e incrementen nuestra creatividad a la hora de acompañar con walking bass o en la composición de líneas de acompañamiento, las que posteriormente nos servirán también de improvisación.

A continuación, comenzaremos con ubicar diversos arpegios en el diapasón, con el fin de generar una herramienta útil y practica a la hora de encarar acordes y progresiones. Estos "dibujos" de arpegios serán de gran ayuda para conocer triadas, cuatriadas, sus notas y posteriormente como poder combinaras.

Aquí encontramos, por ejemplo, un arpegio mayor

Comenzando desde a 4ta cuerda (tonica, 3ra mayor, 5ta y 8va.)

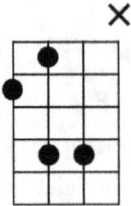

Veremos en los diagramas siguientes, arpegios diversos con sus aclaraciones, comenzando de 4ta cuerda y de 3ra cuerda.

La sustitución tritonal consiste en sustituir un acorde de septima dominante por otro dominante a distancia de 5b (quinta disminuida), o lo que es lo mismo, tres tonos. Ejemplo: Un A7 podría sustituirse por un Eb7.

Este intervalo se suele conocer como tritono, ya que la distancia que hay es de tres tonos enteros. Precisamente los acordes de dominante tienen siempre este intervalo en su formación y es lo que les da esa sonoridad inestable y de tensión que busca siempre resolver sobre la tónica.

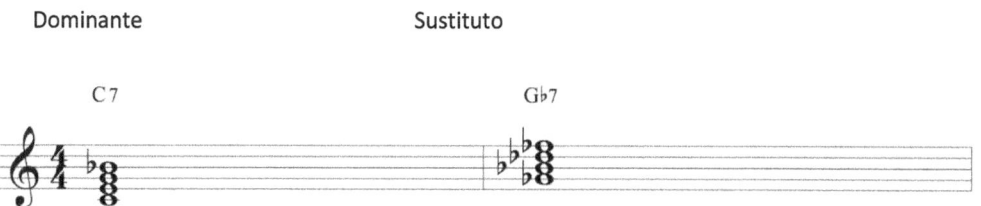

Los sustitutos tritonales reemplazan a acorde dominante original, pero mantienen el mismo acorde de resolución. En el ejemplo anterior ambos acordes resolverían en F mayor.

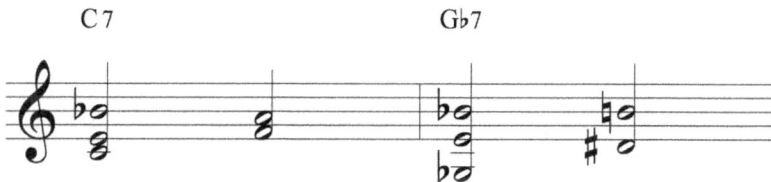

Los dominantes basan su tensión en el tritono que se forma entre la 3ra mayor y a 7ma menor, entre el acorde dominante y el sustituto se comparte el tritono, o sea, en C7 e tritono es la nota E y Bb, en sustituto que es Gb7 se invierte, pero son las mismas notas, Bb es ahora la tercera y la nota E es la 7ma menor. Utilizaremos este concepto para rearmonizar y sustituir acordes en diversas progresiones, para así también enriquecer nuestras líneas melódicas en el bajo.

Veremos algunos ejemplos a continuación.

Ejemplo: progresión II V I en F mayor.

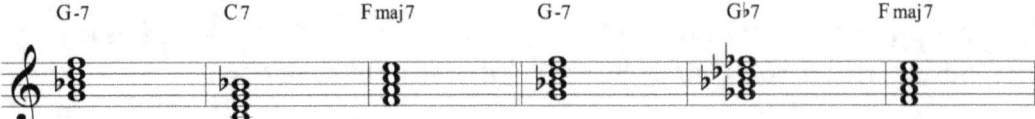

Ejemplos de sustituciones:

// Dm7 // G7 // CMaj7 // A7 //

// Dm7 // Db7 // CMaj7 // Eb7 //

// Fm7 // Bb7 // EbMaj7 // C7 //

// Fm7 // E7 // EbMaj7 // Gb7 //

Arpegios

Arpegios Mayores 4ta cuerda

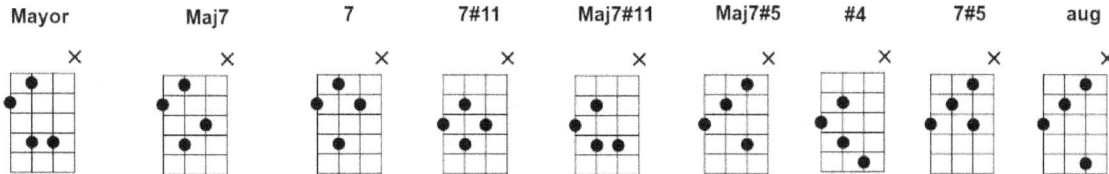

Arpegios Mayores 3ra cuerda

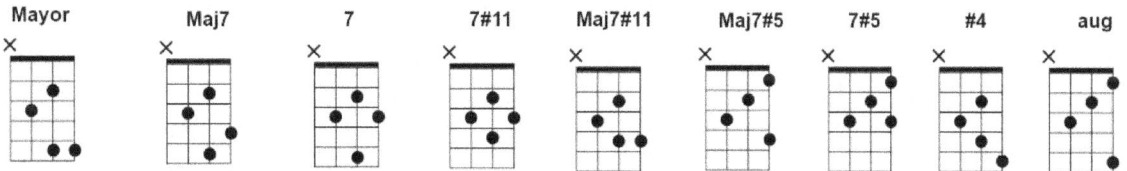

Arpegios Menores 4ta cuerda

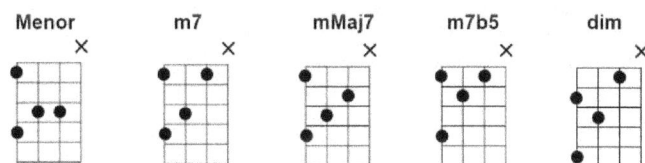

Arpegios Menores 3ra cuerda

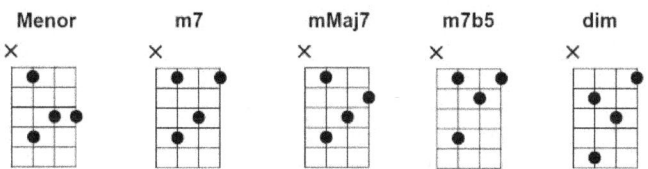

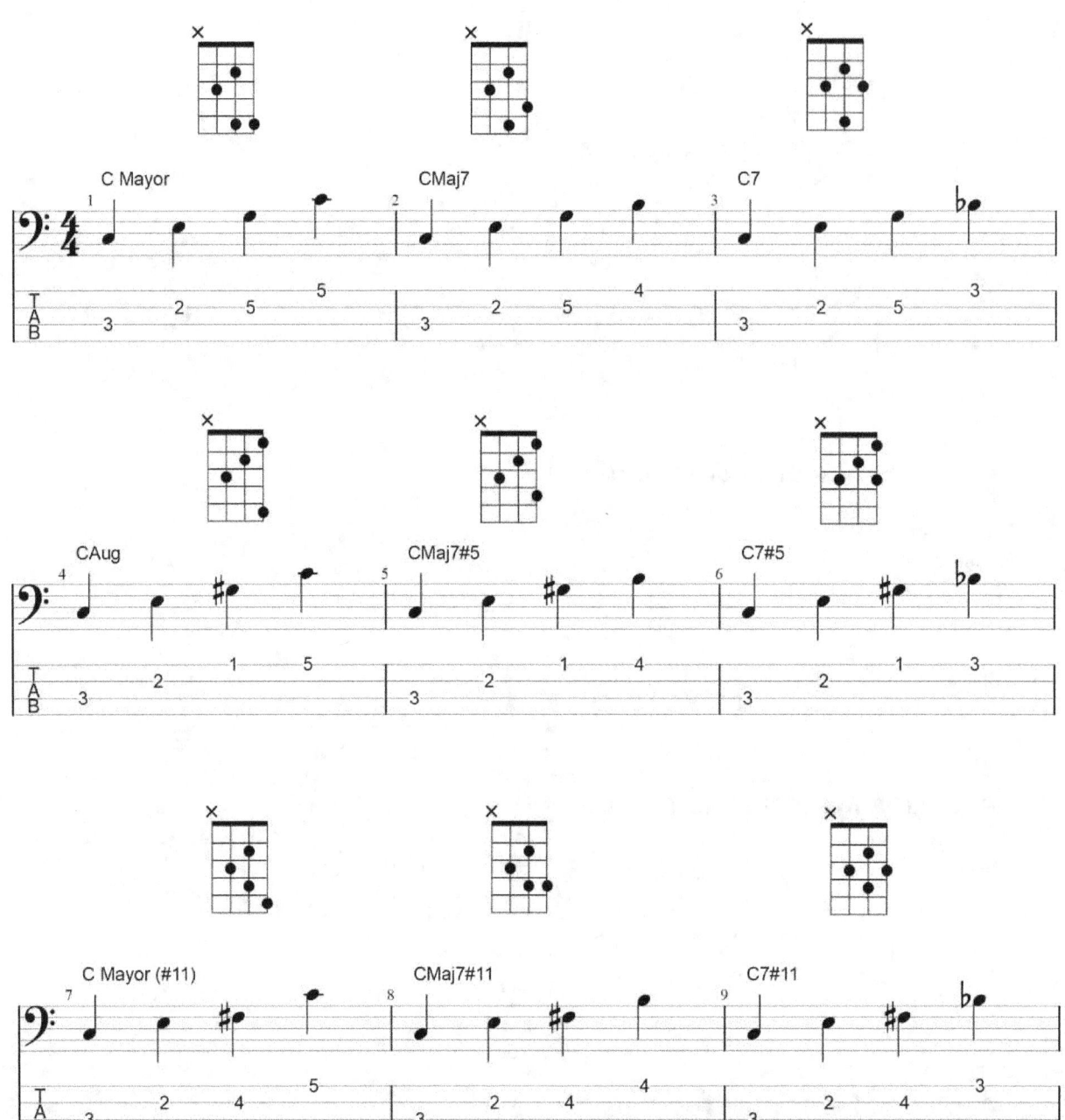

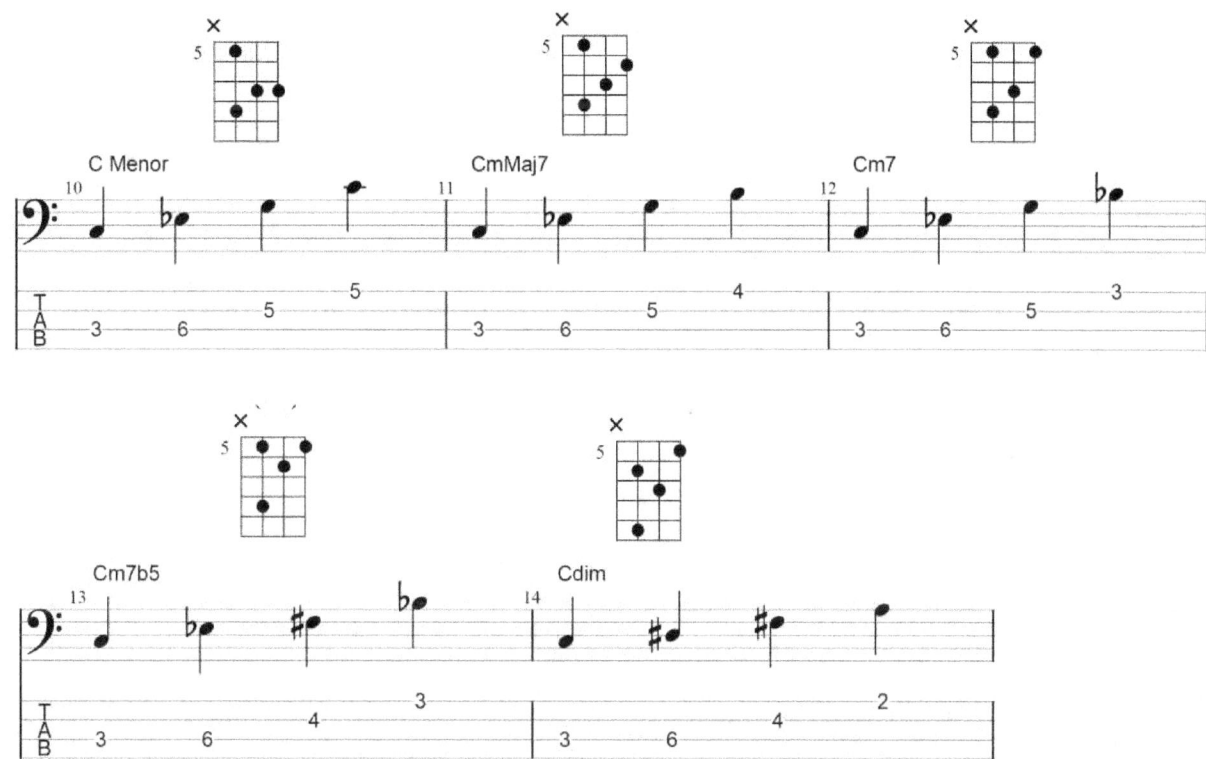

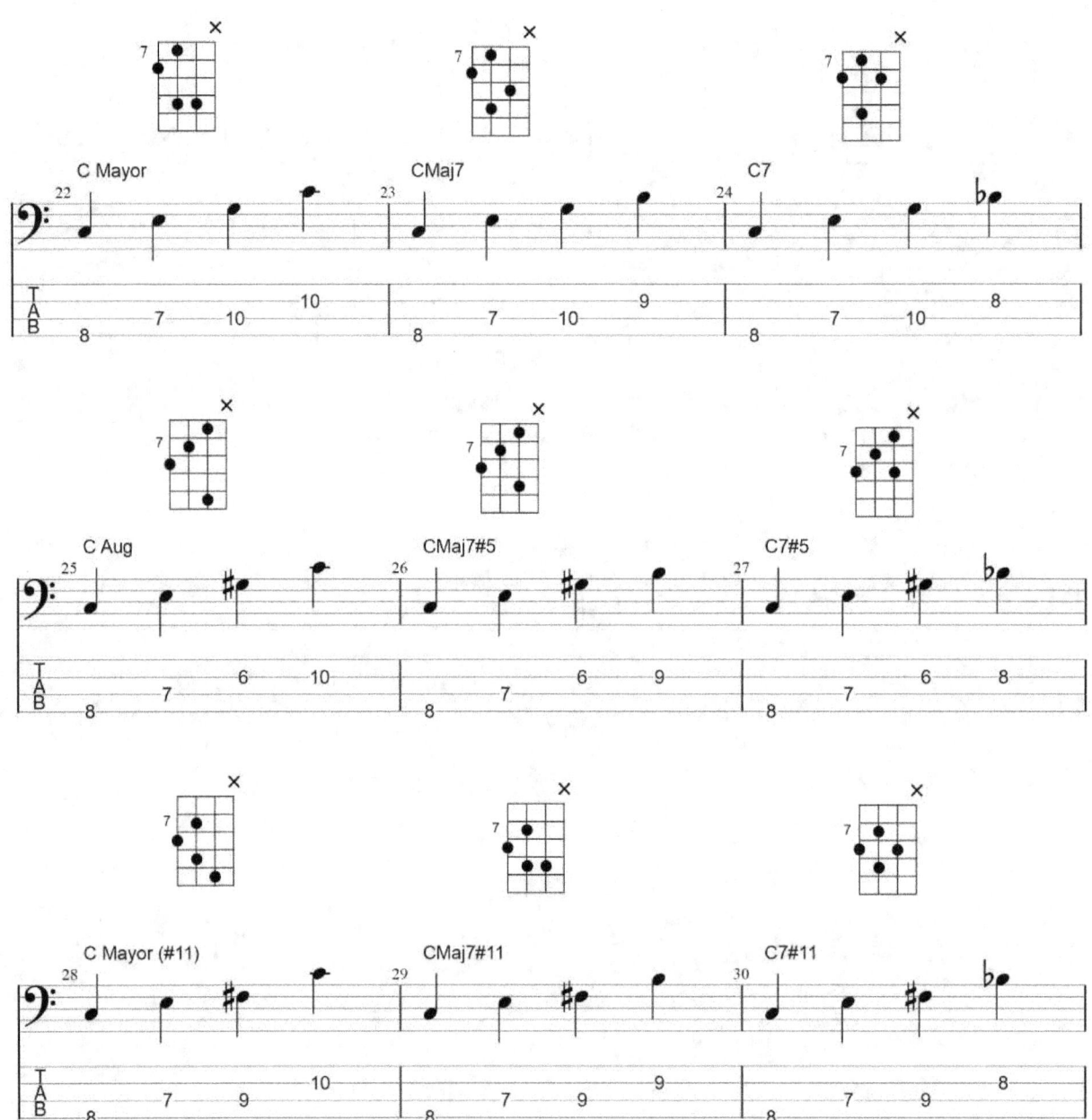

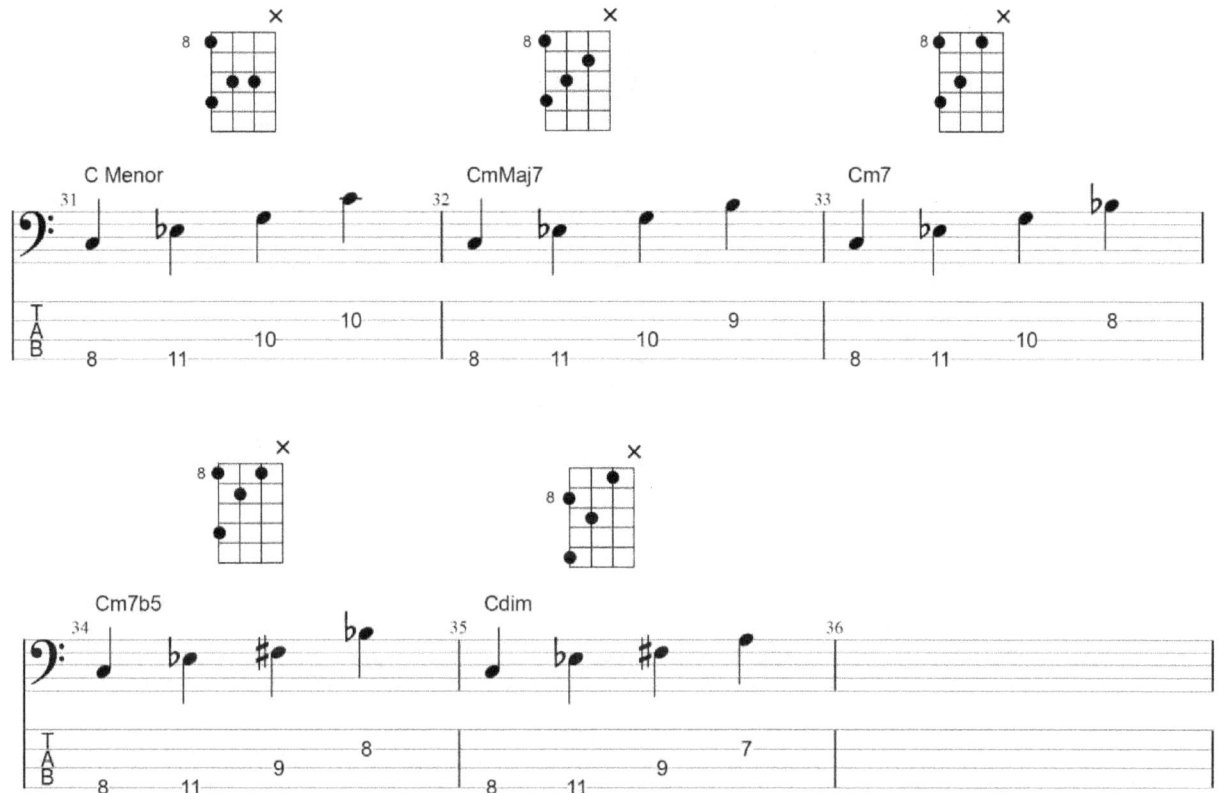

Combinando Arpegios

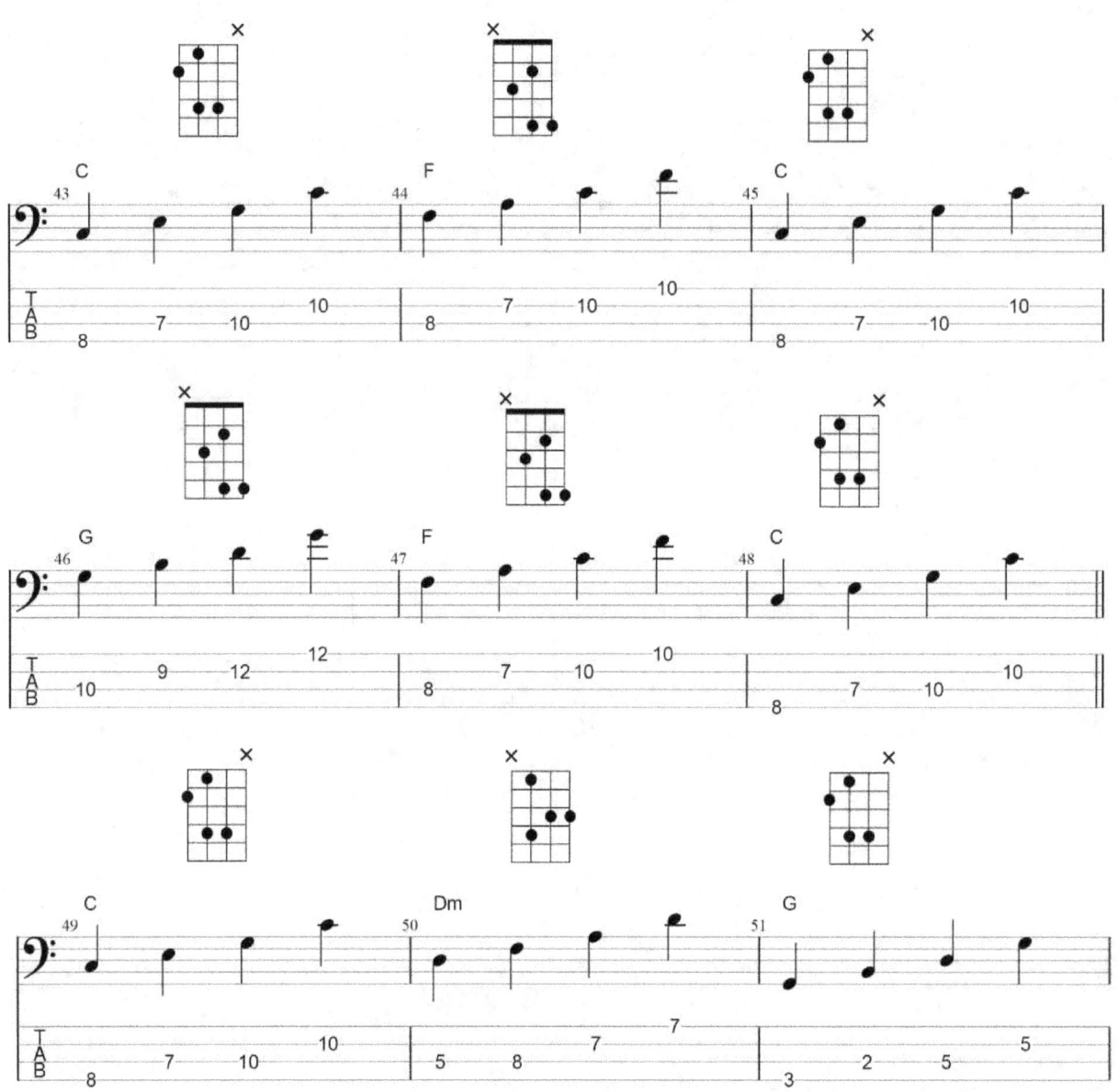

10

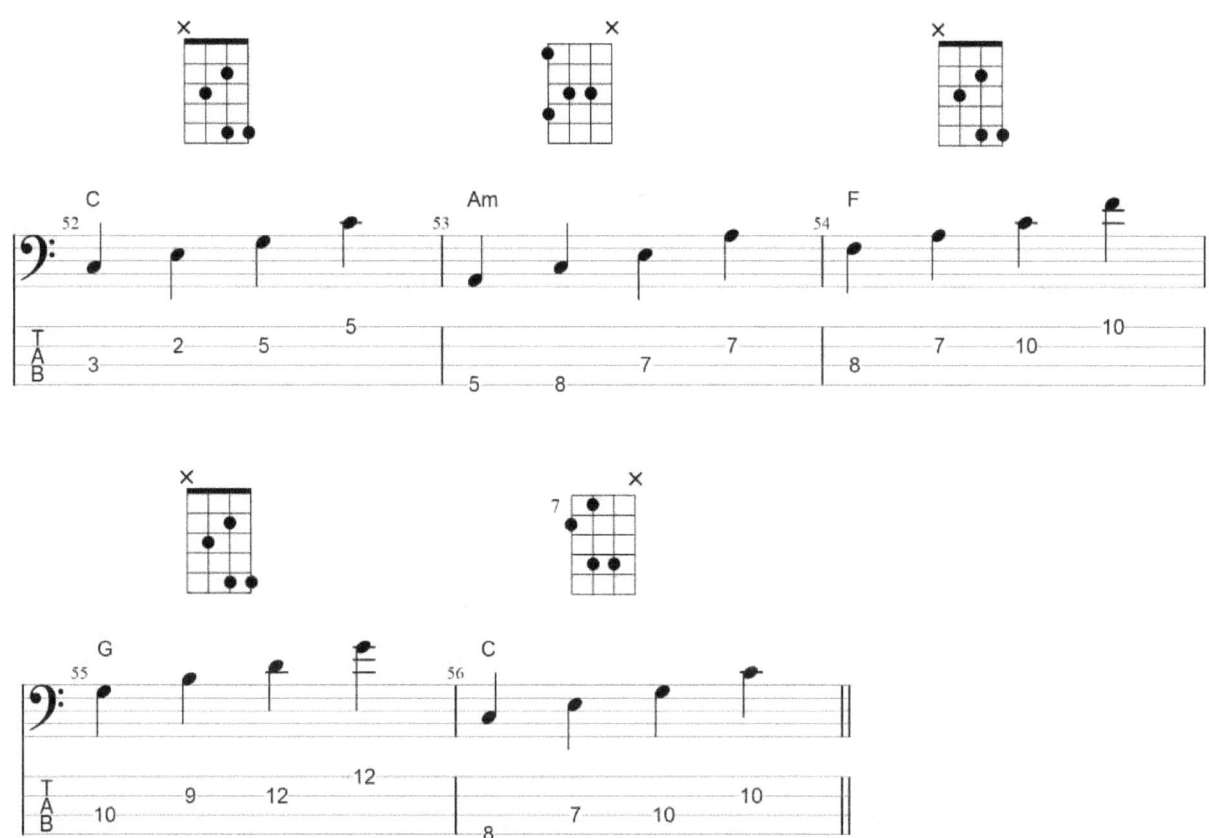

Arpegios Mayores y Menores

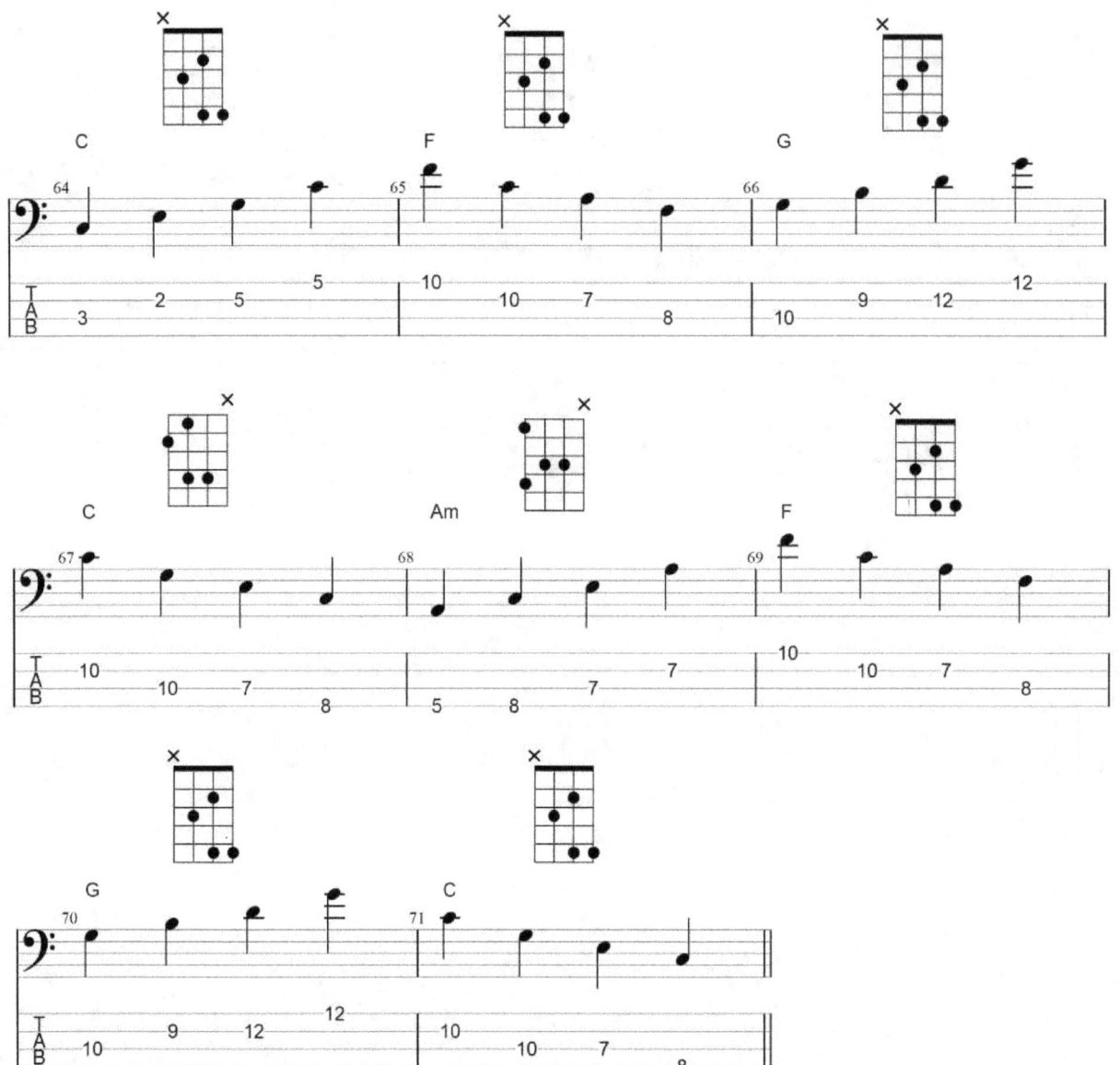

Fragmento "Autumn Leaves"
(Utilizando arpegios de Triada y Cuatriada)

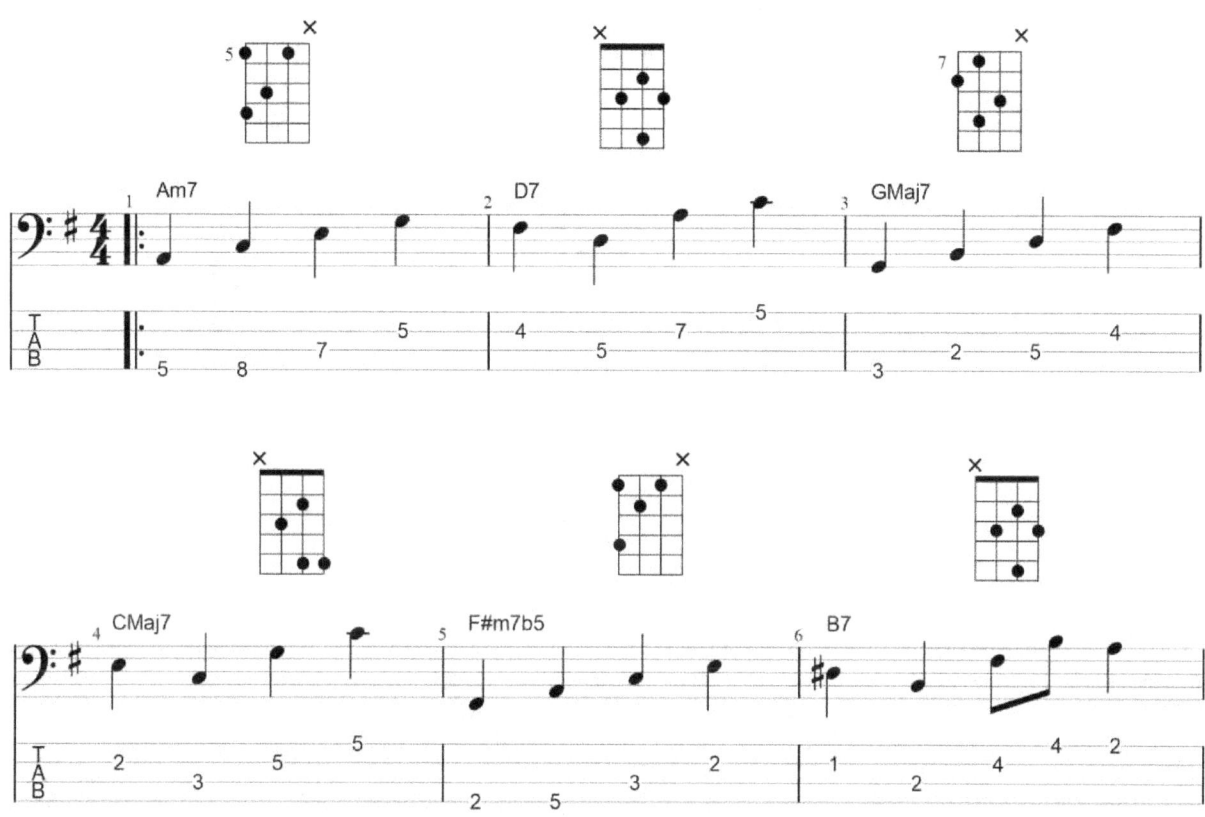

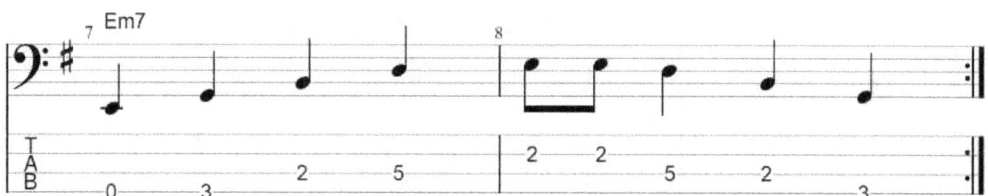

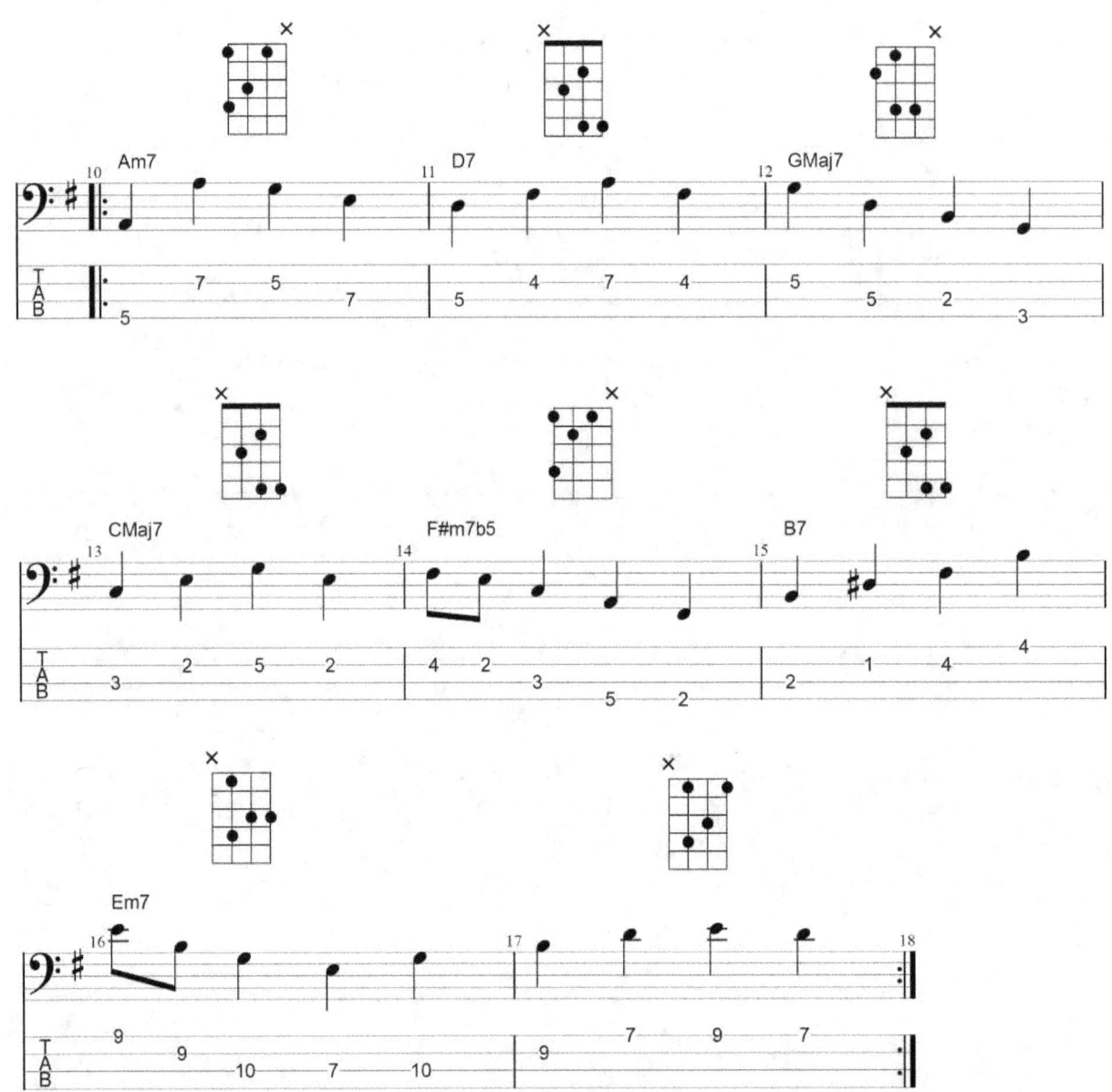

Fragmento "Days Of Wine and Roses"

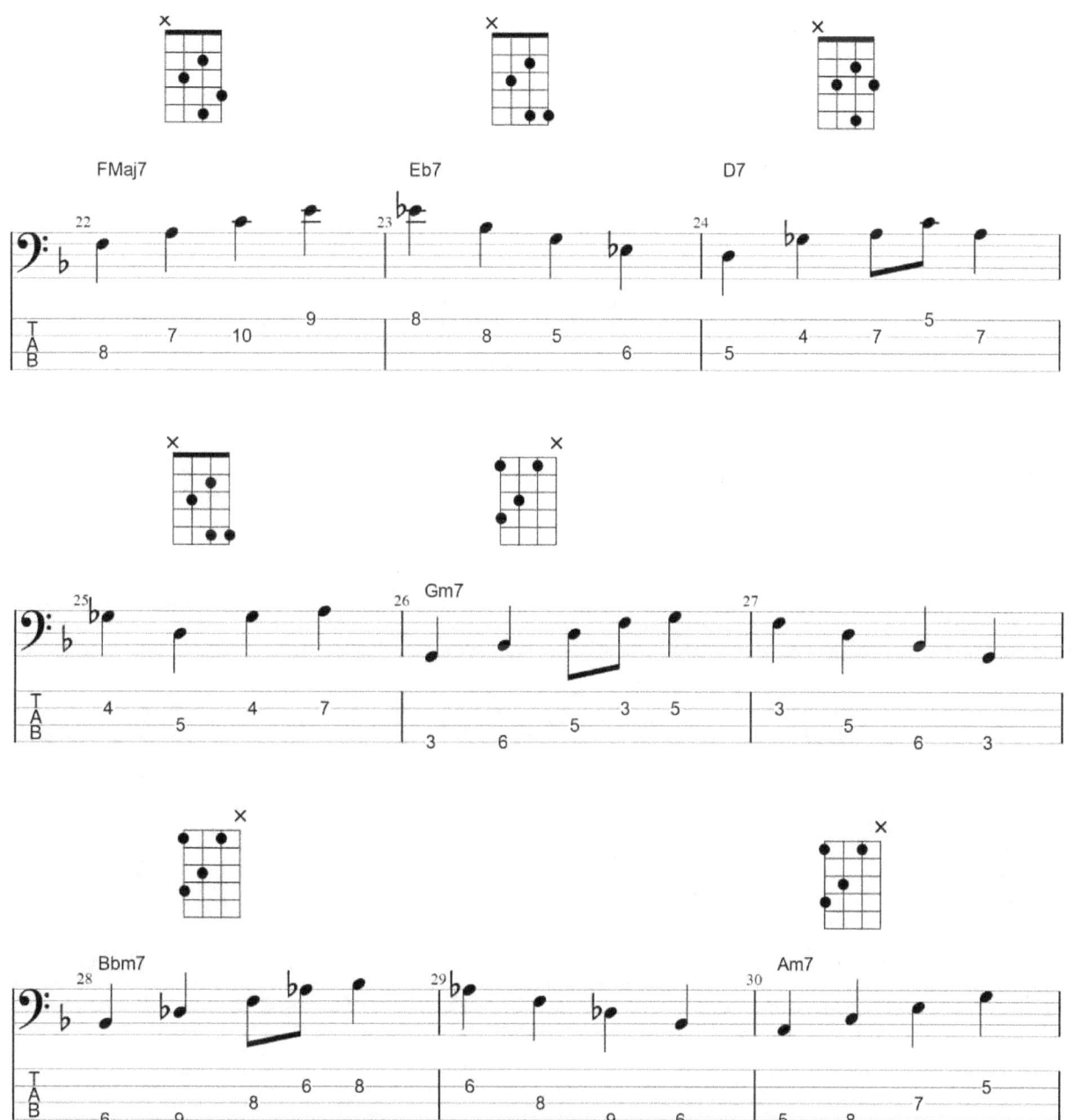

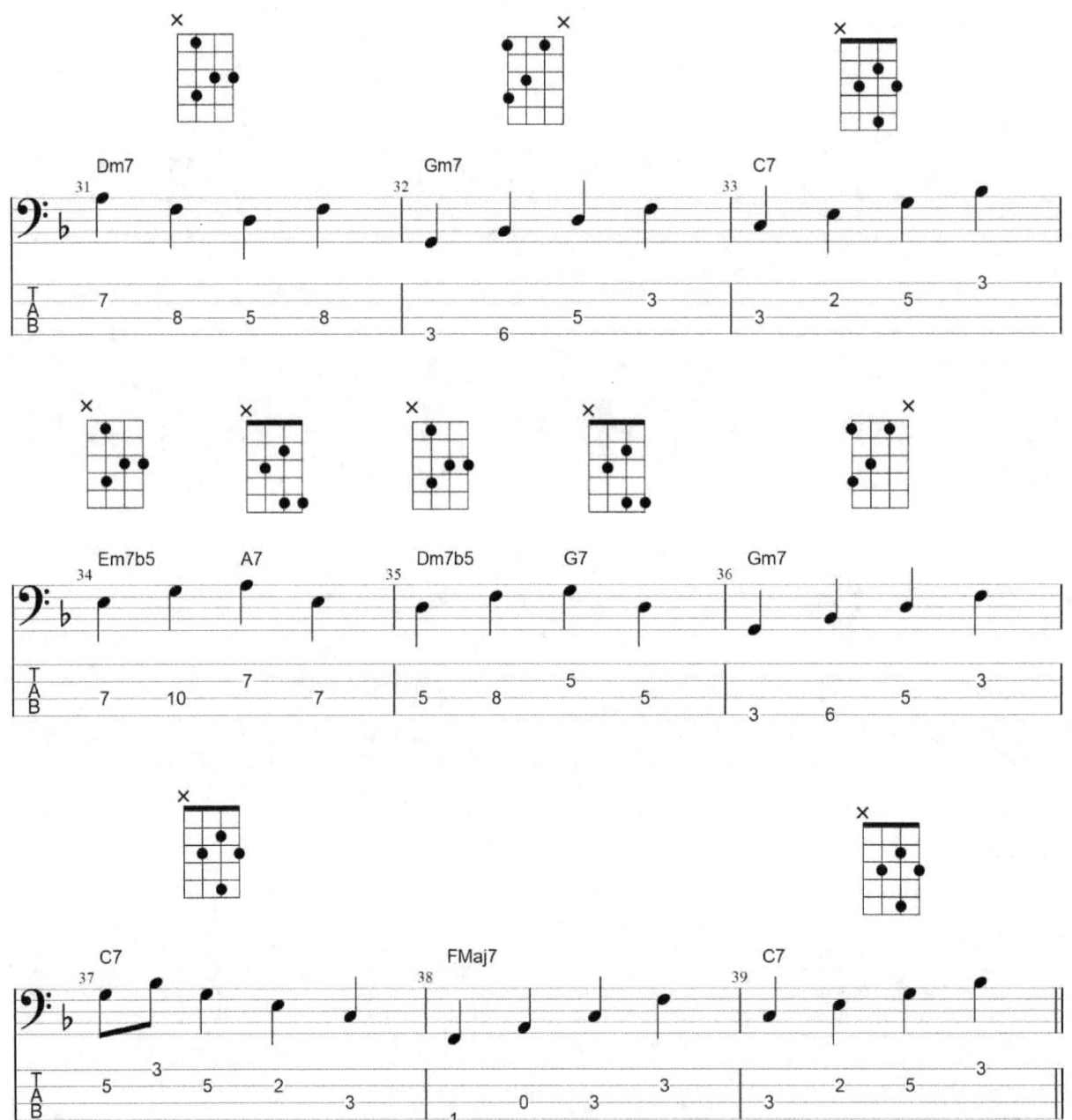

Progresiones (II V I)

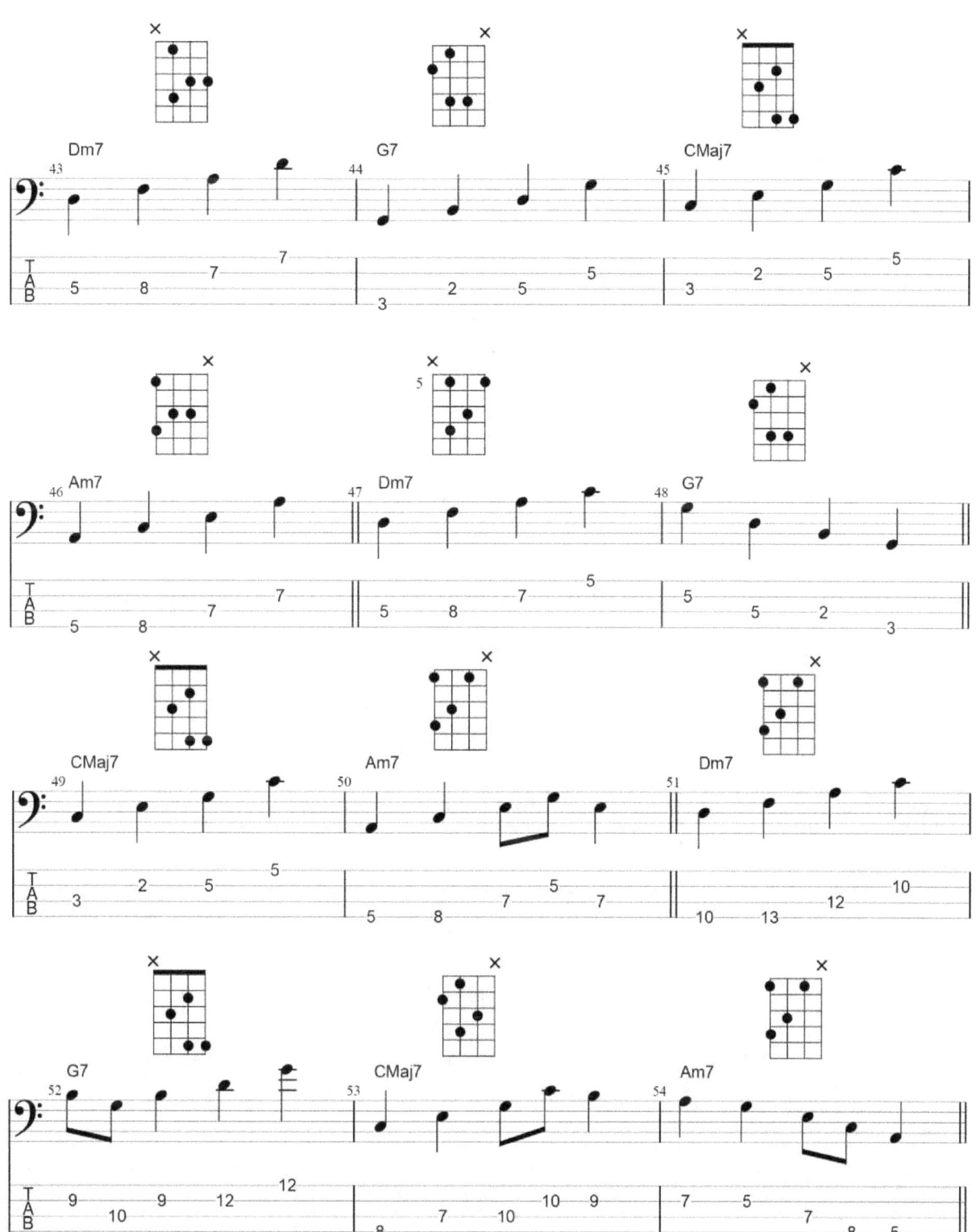

Progresiones (II V Im)

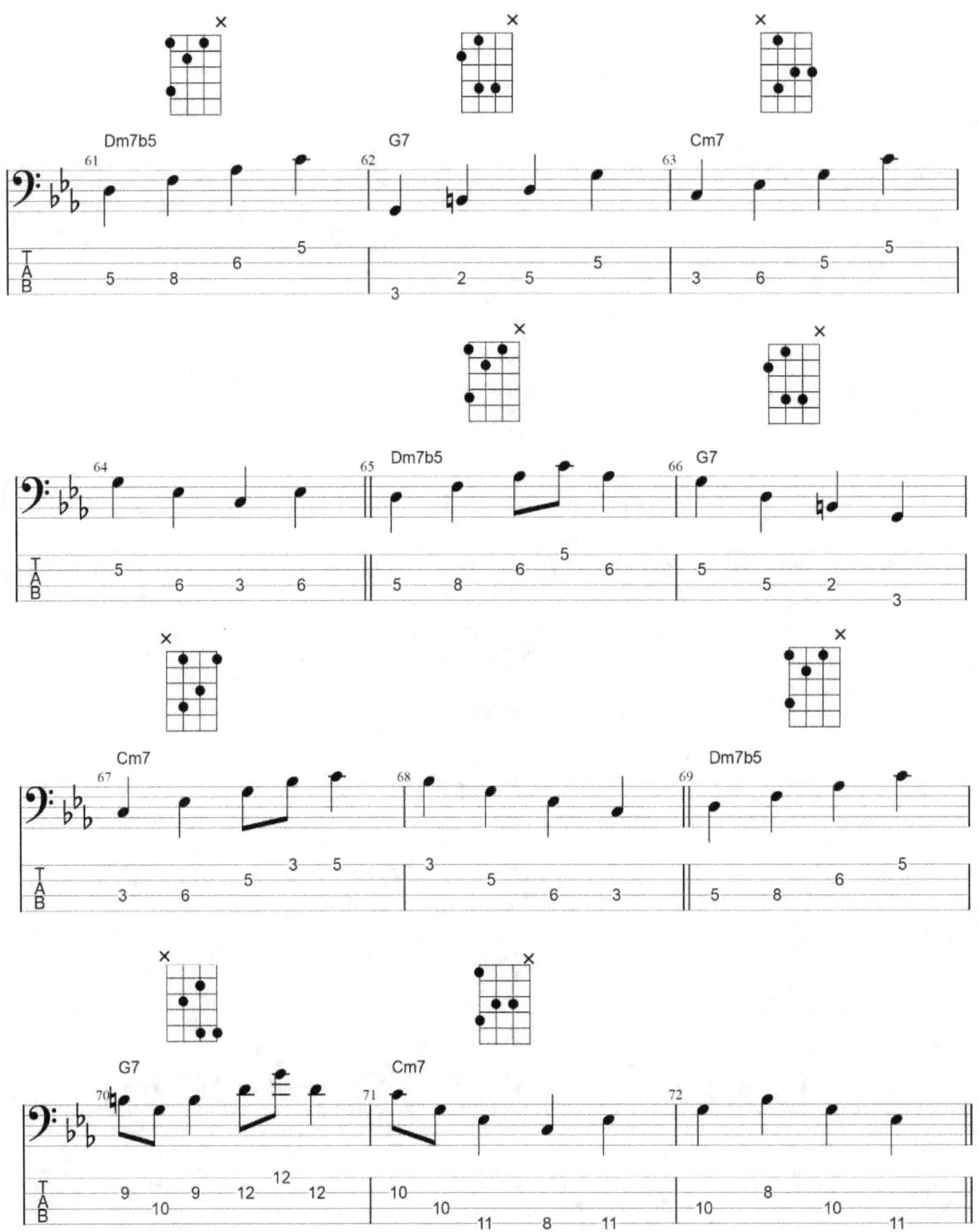

Notas de Paso
(Diatónicas)

Acordes Mayores

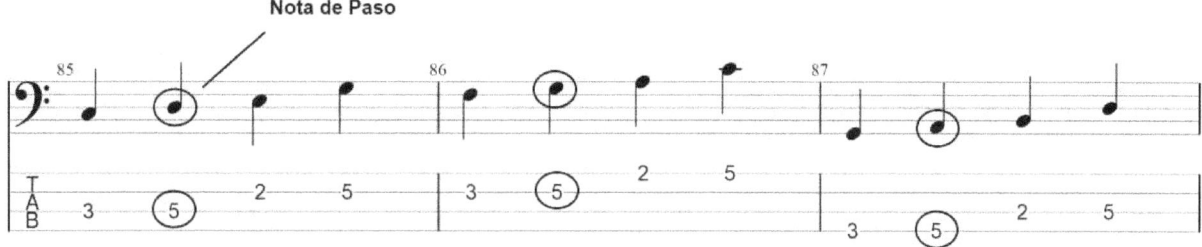

Acordes Menores

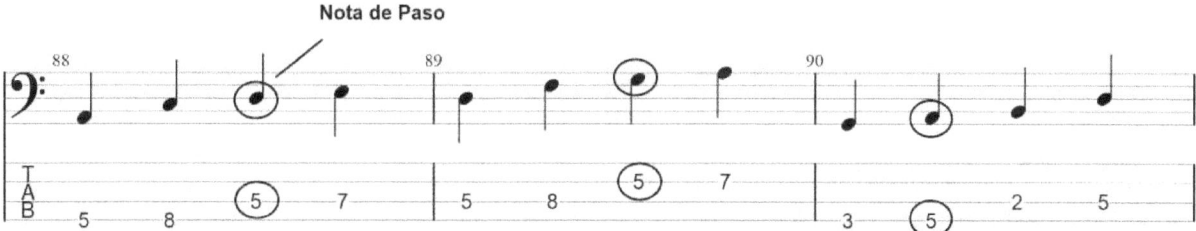

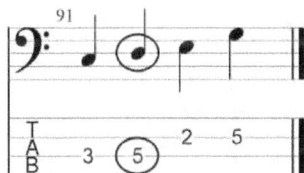

Gran parte de la música contiene notas que no forman parte de los acordes y que se utilizan para enriquecer el movimiento melódico de las voces. Estas notas reciben el nombre de notas de paso y también cromatismos que acompañaran a los arpegios para crear y conducir nuestras líneas melódicas.

Nota de paso: las notas de paso son aquellas que rellenan un salto melódico entre dos notas reales, por grados conjuntos (diatónica o cromáticamente). Pueden ser una o varias notas, en sentido ascendente o descendente, pero siempre tendrán dos notas reales en los extremos, que pueden pertenecer al mismo o a acordes diferentes.

Notas de Paso

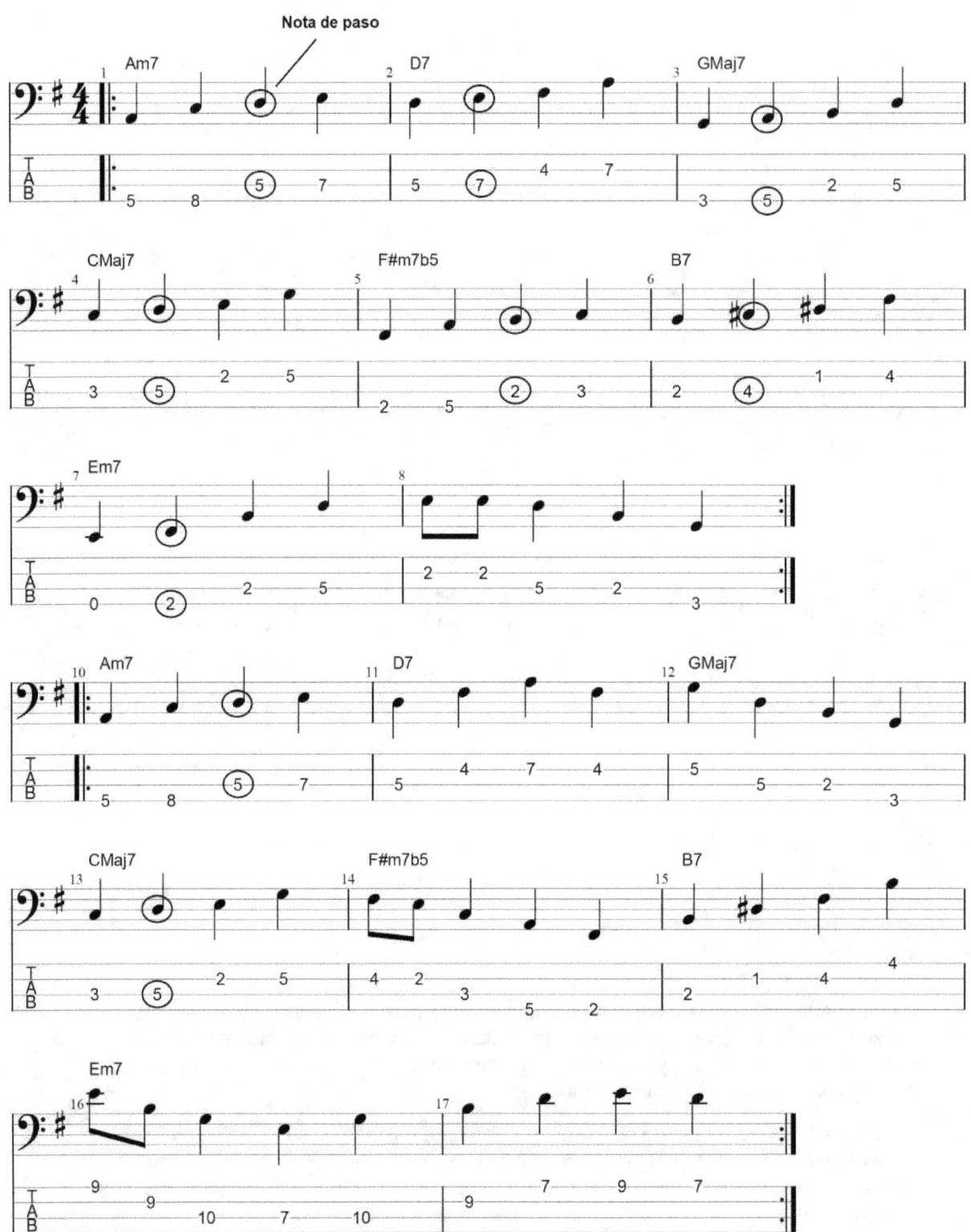

Armonía Days of Wine and Roses con notas de paso.

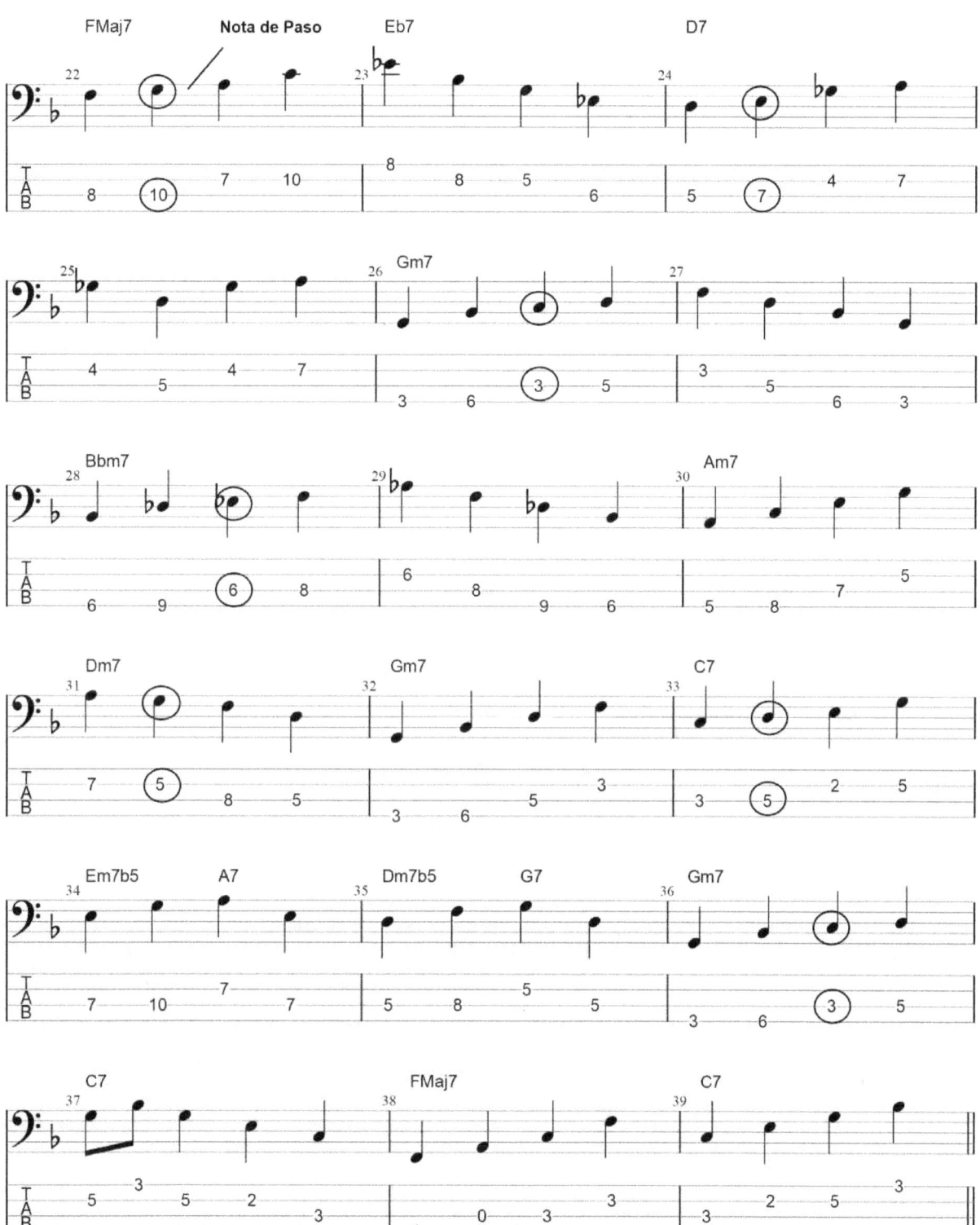

Notas de Paso (II V I)

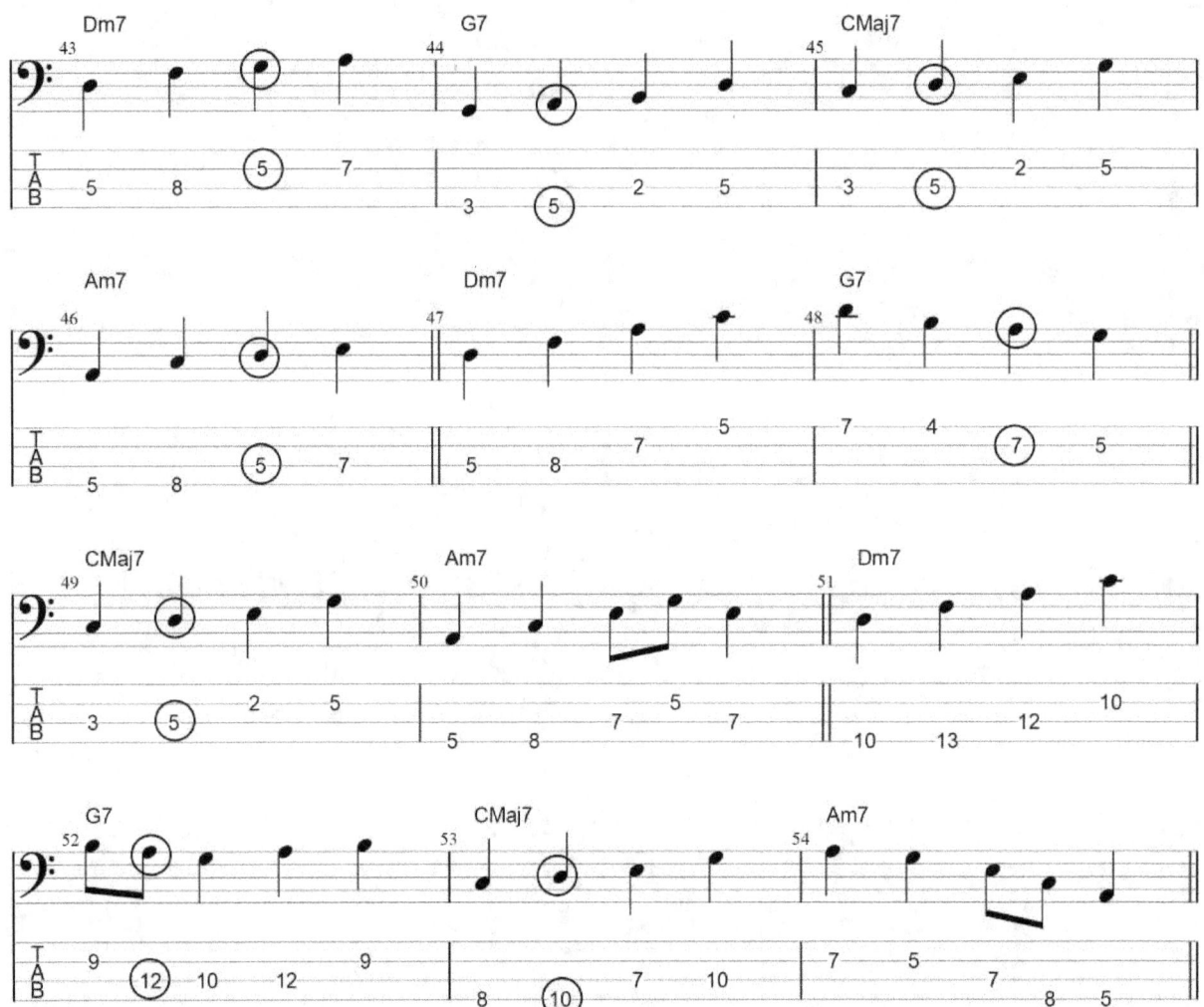

Notas de Paso (II V Im)

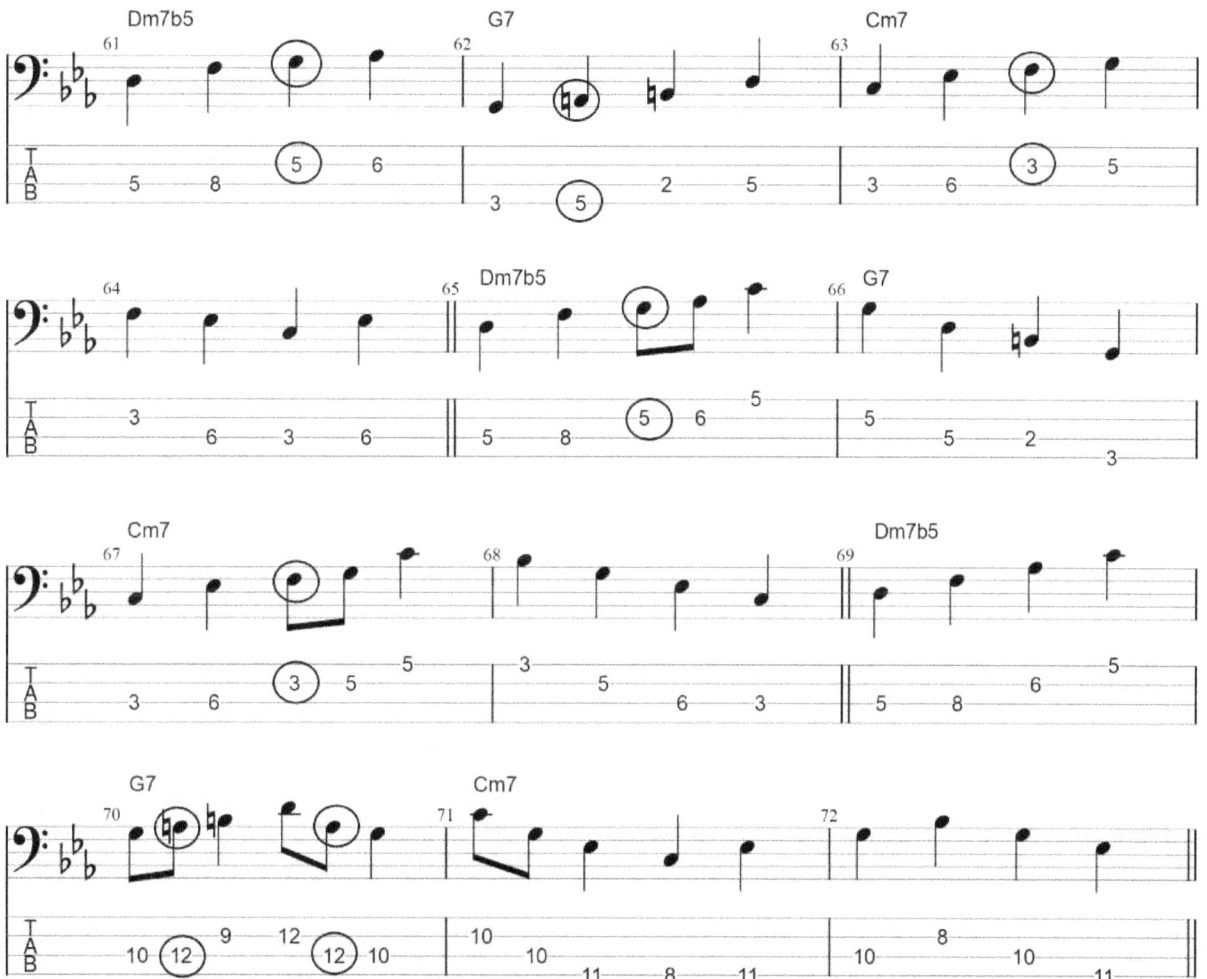

Notas de paso y Arpegios

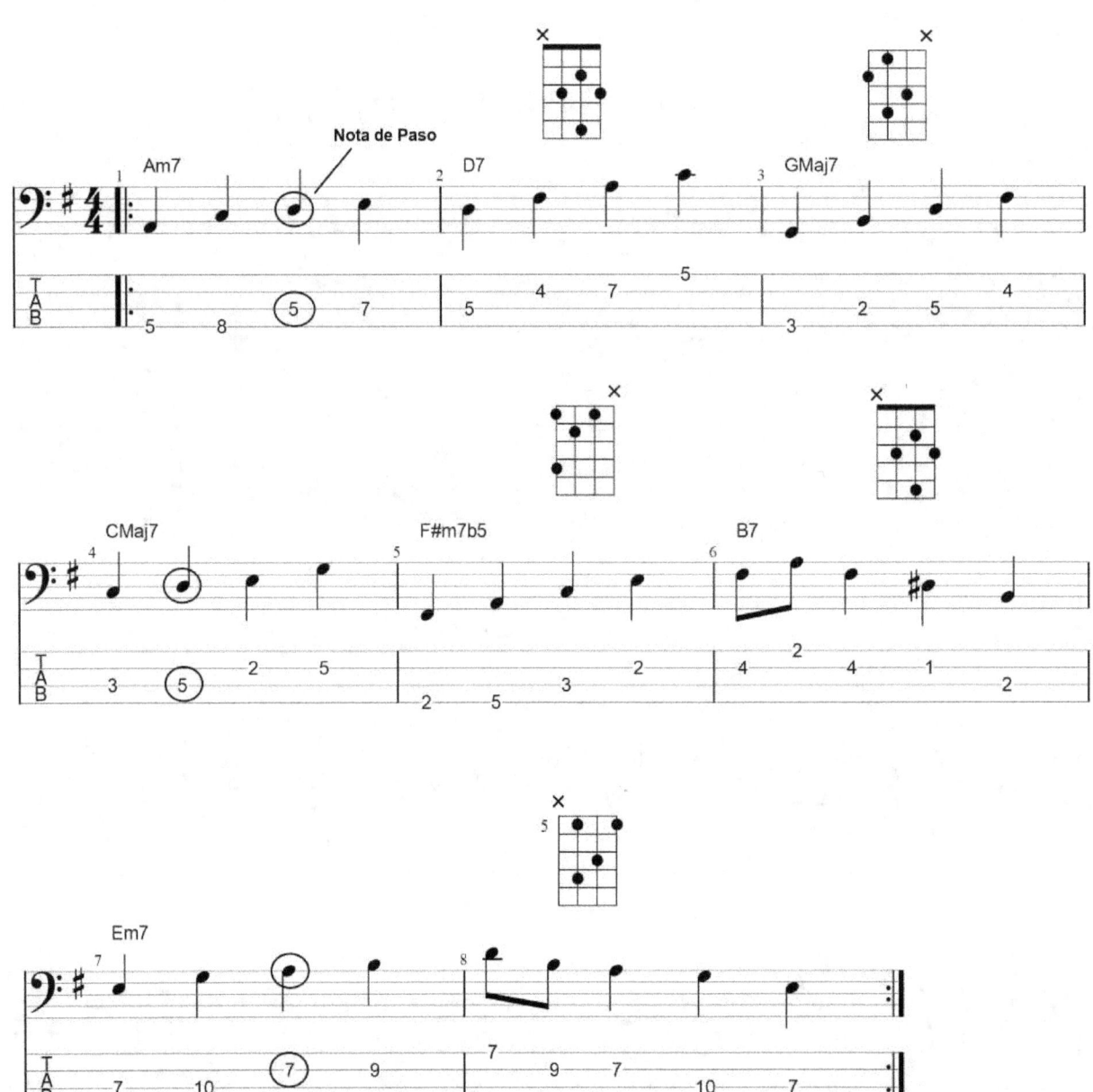

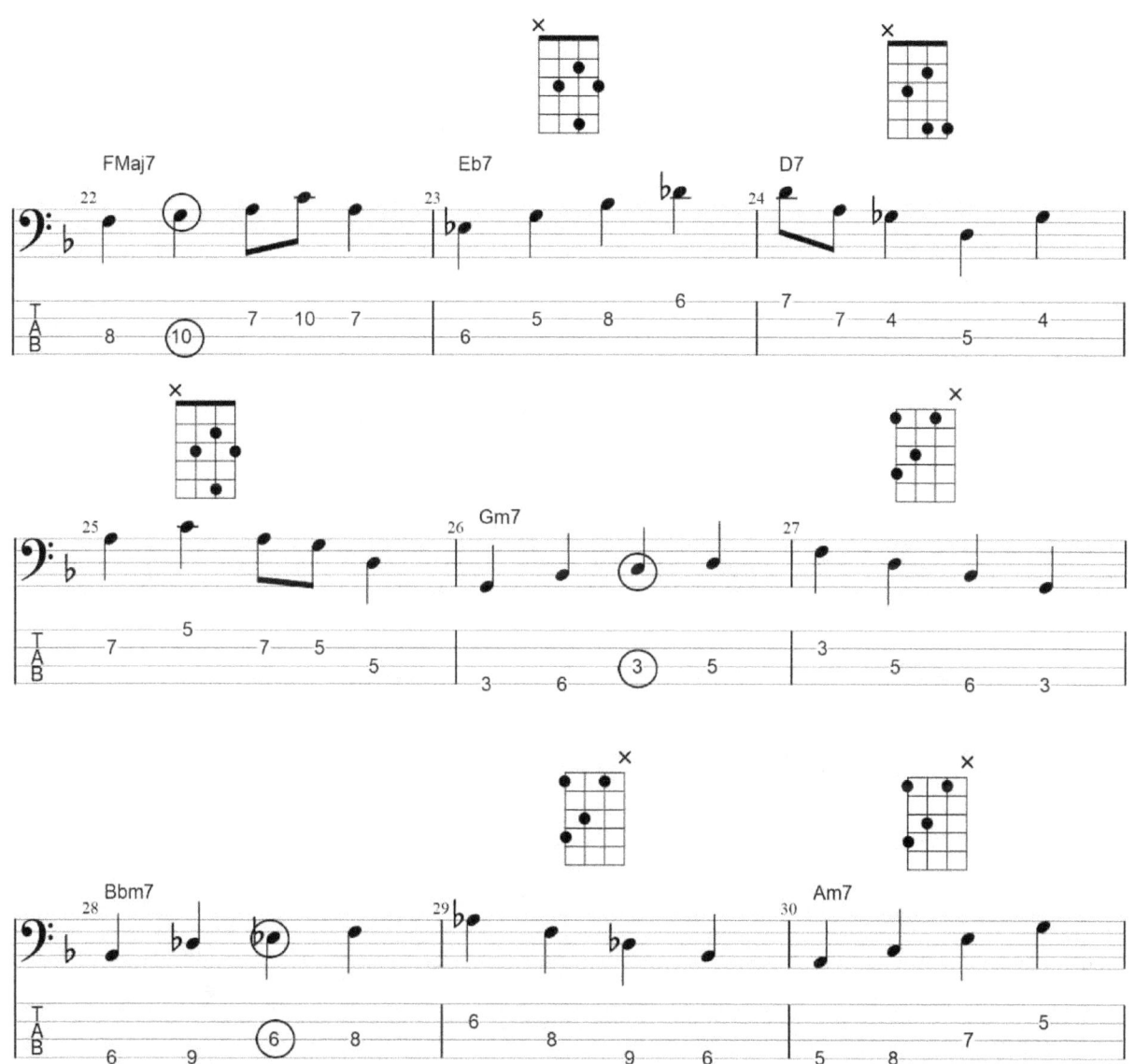

II V I (con notas de paso y Arpegios)

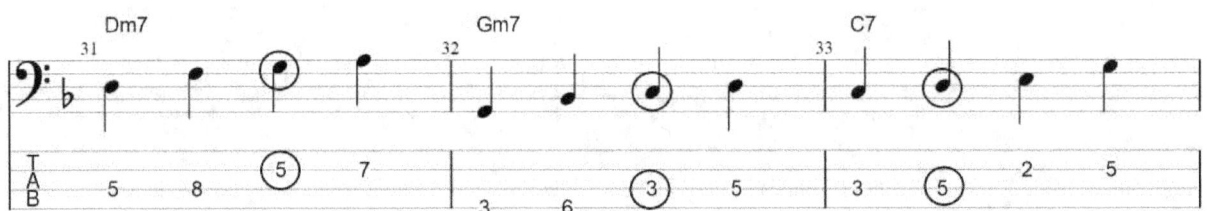

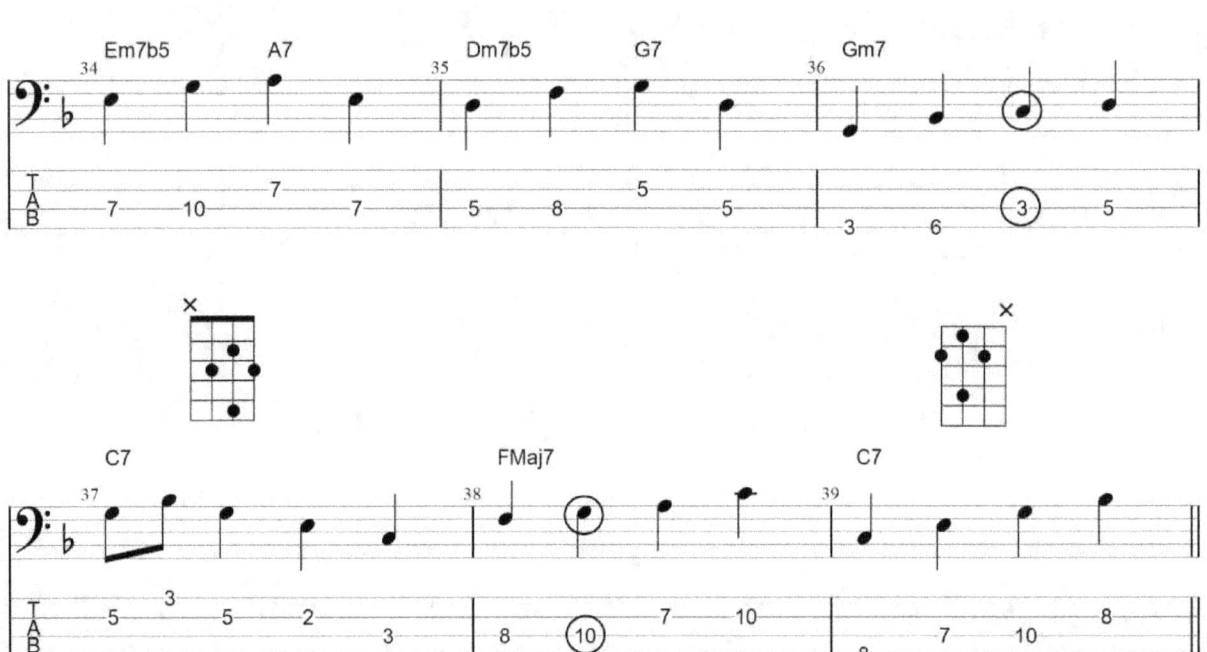

Notas de Paso (Cromatismos)

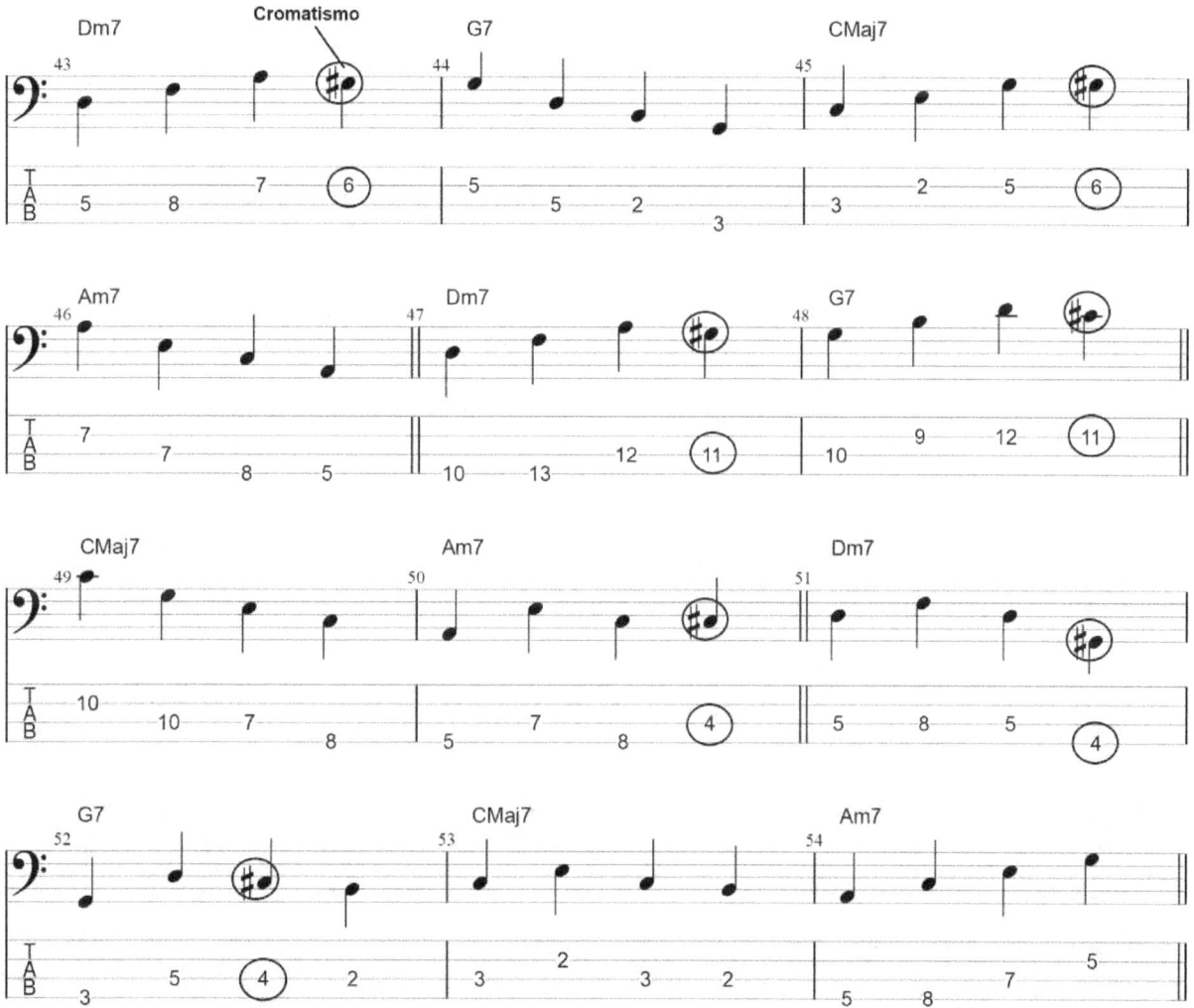

La escala cromática es un recurso que nos permite en ciertos momentos crear una variación sobre la base que estamos tocando para darle un toque de color. Un cromatismo musical consiste en tocar las notas intermedias de una escala. De nuevo, suele usarse en escalas mayores y menores para darle un toque nuevo y diferente a la composición.

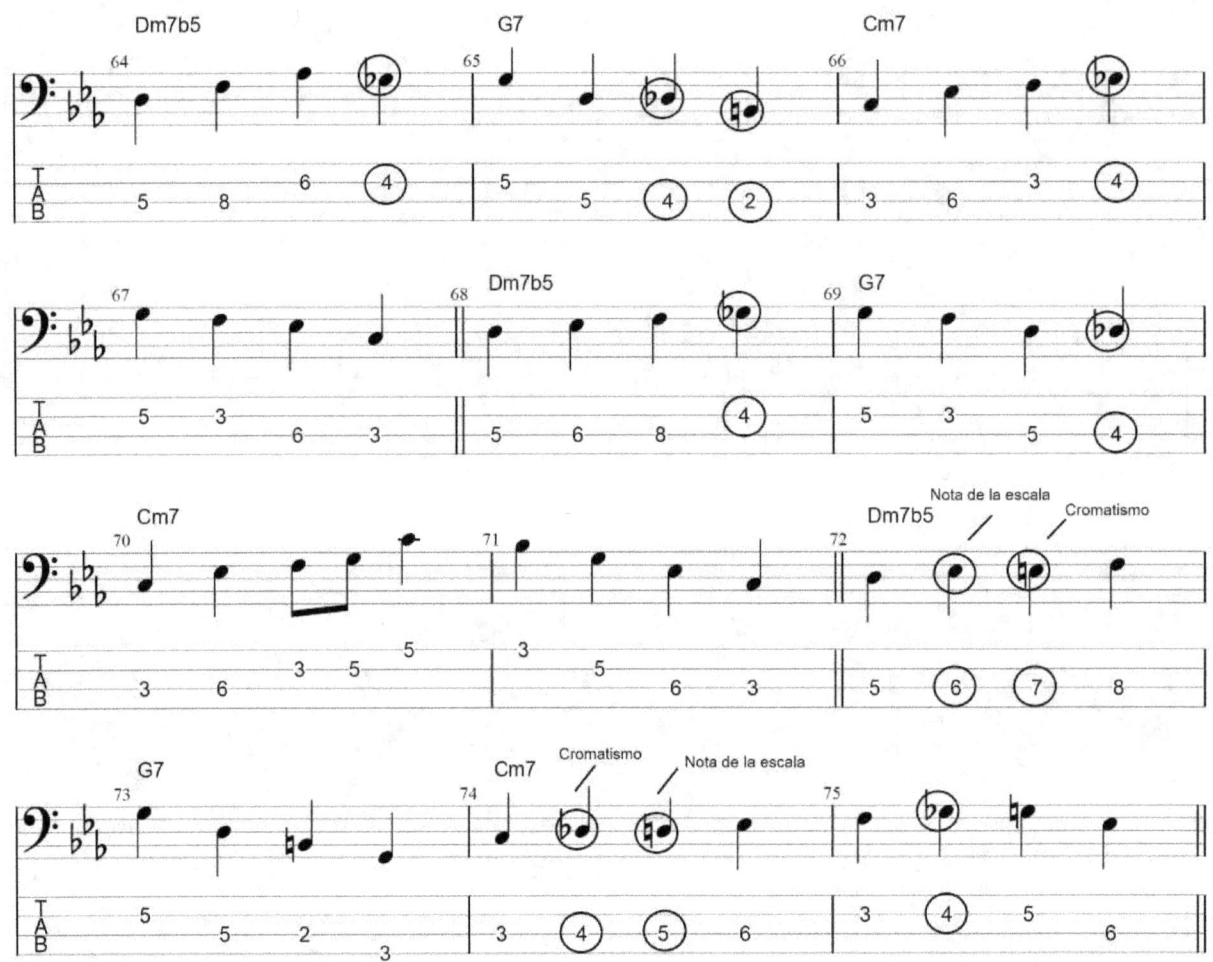

Progresión armónica (Blues Mayor)

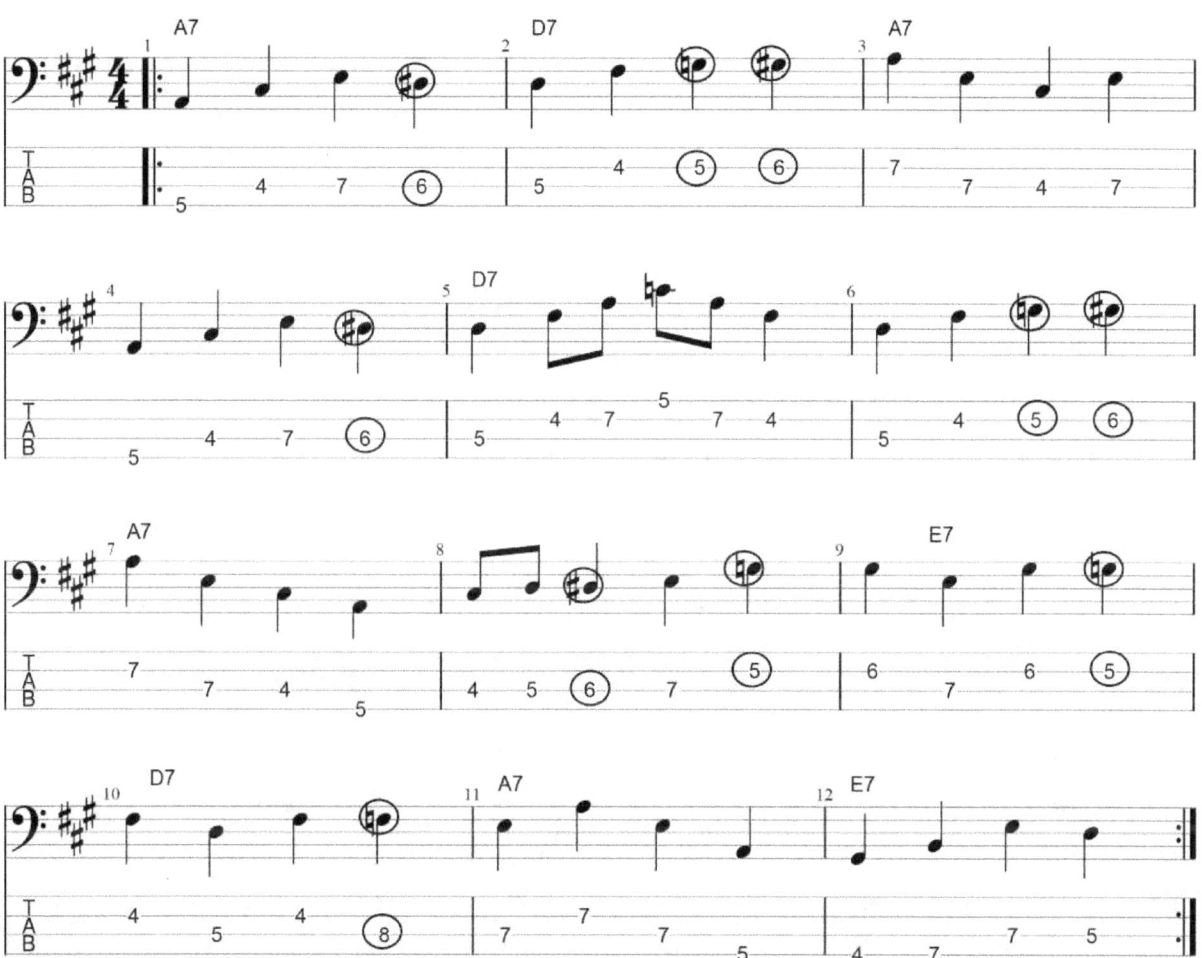

Progresión armónica (Blues Menor)

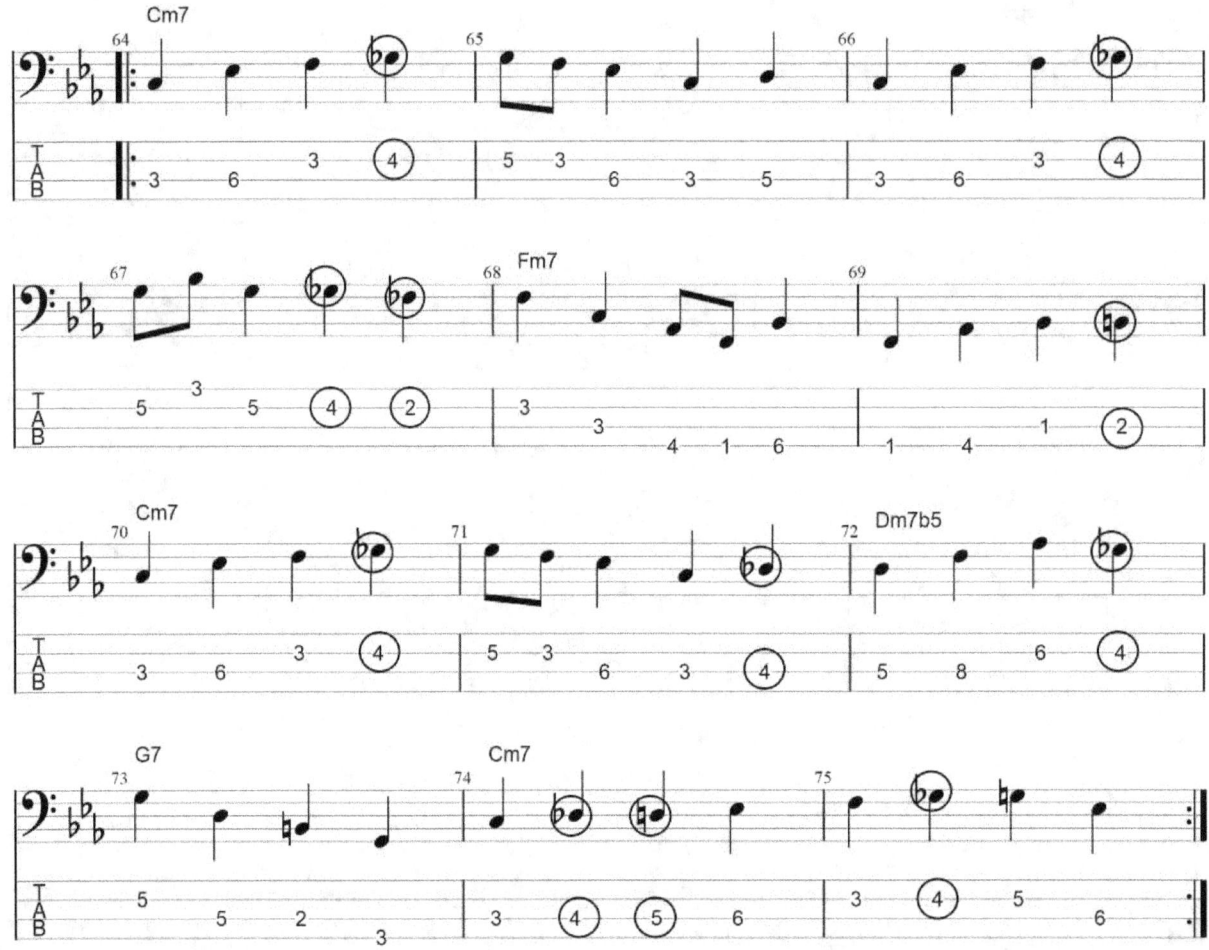

Sustitución Tritonal

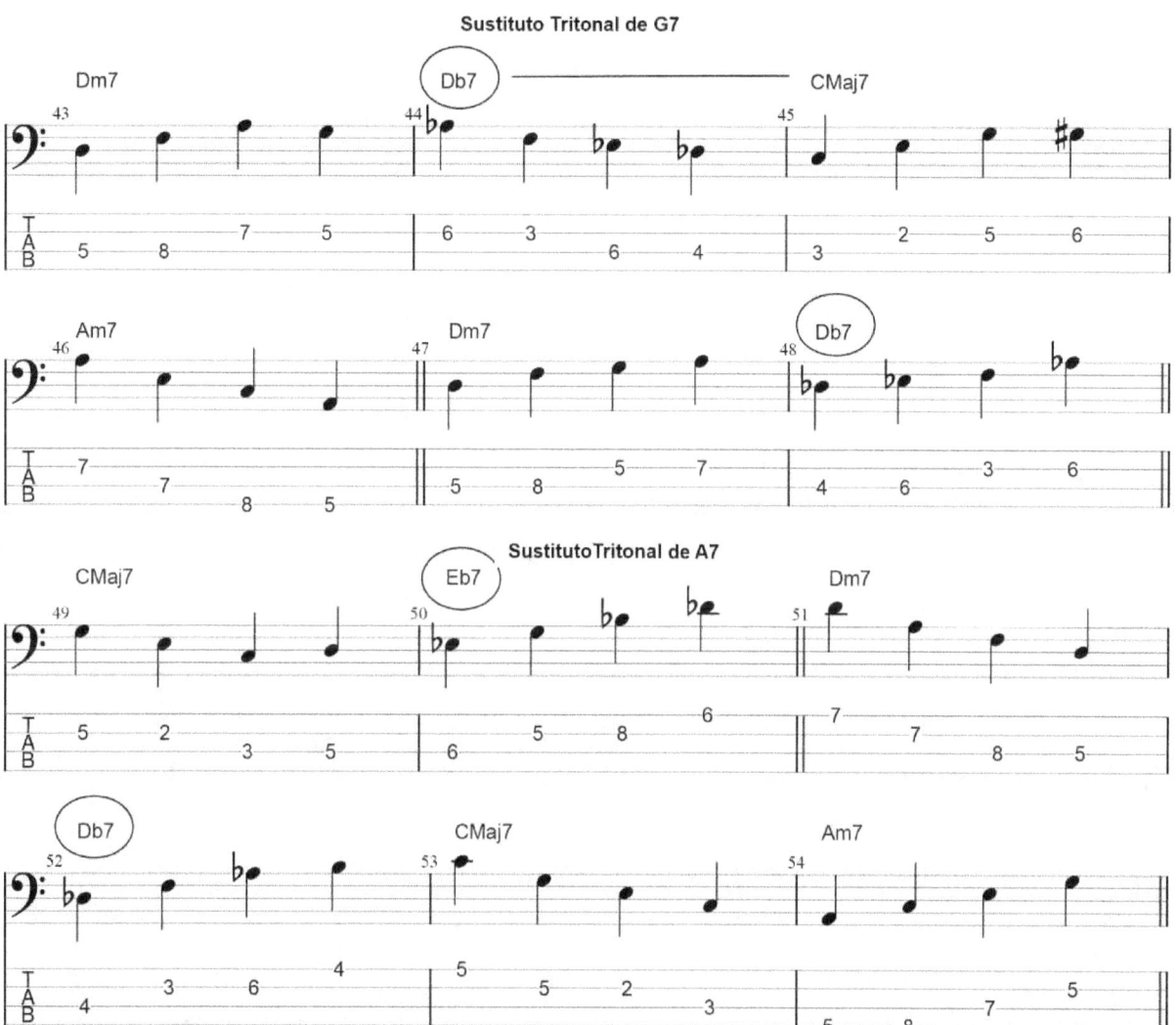

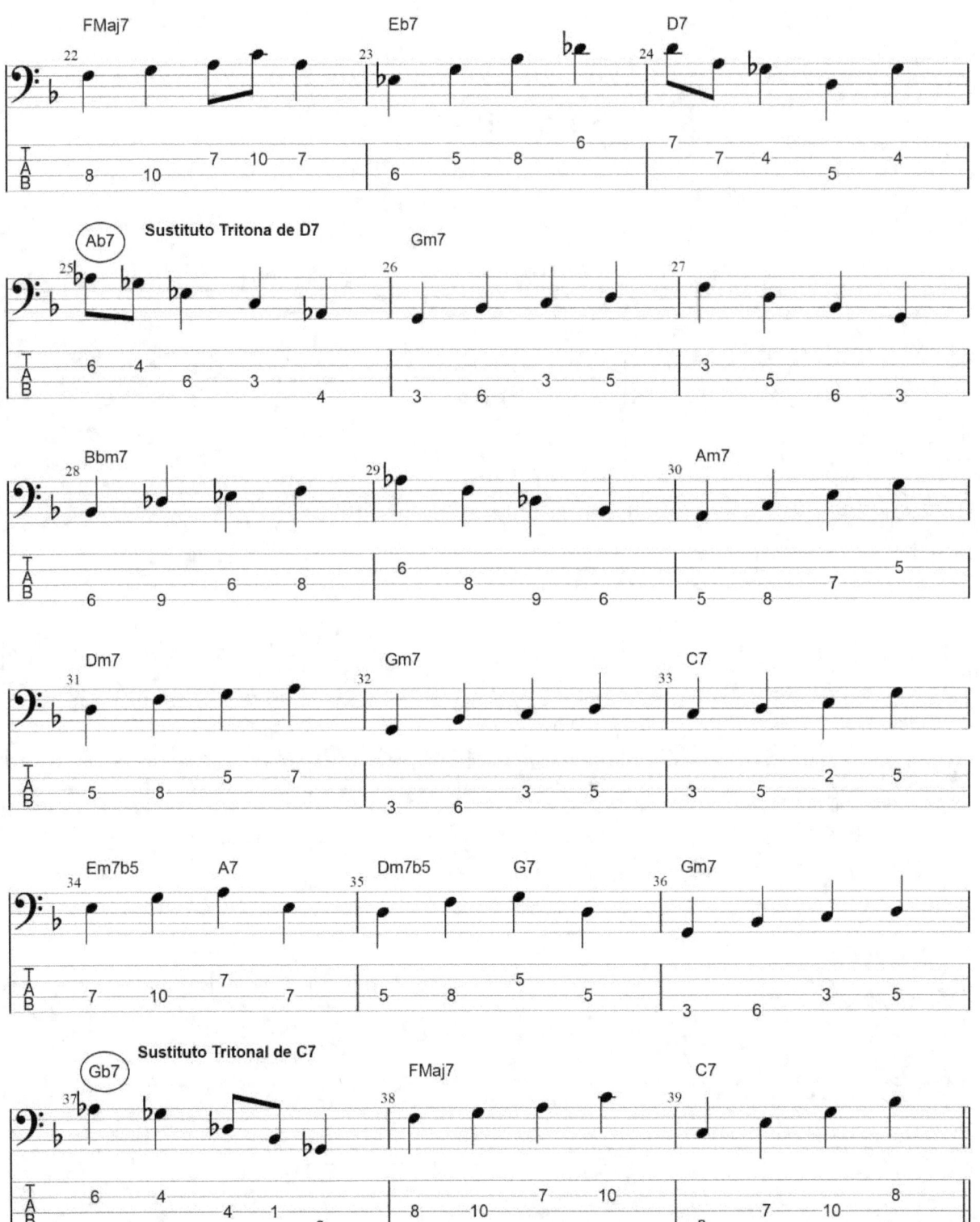

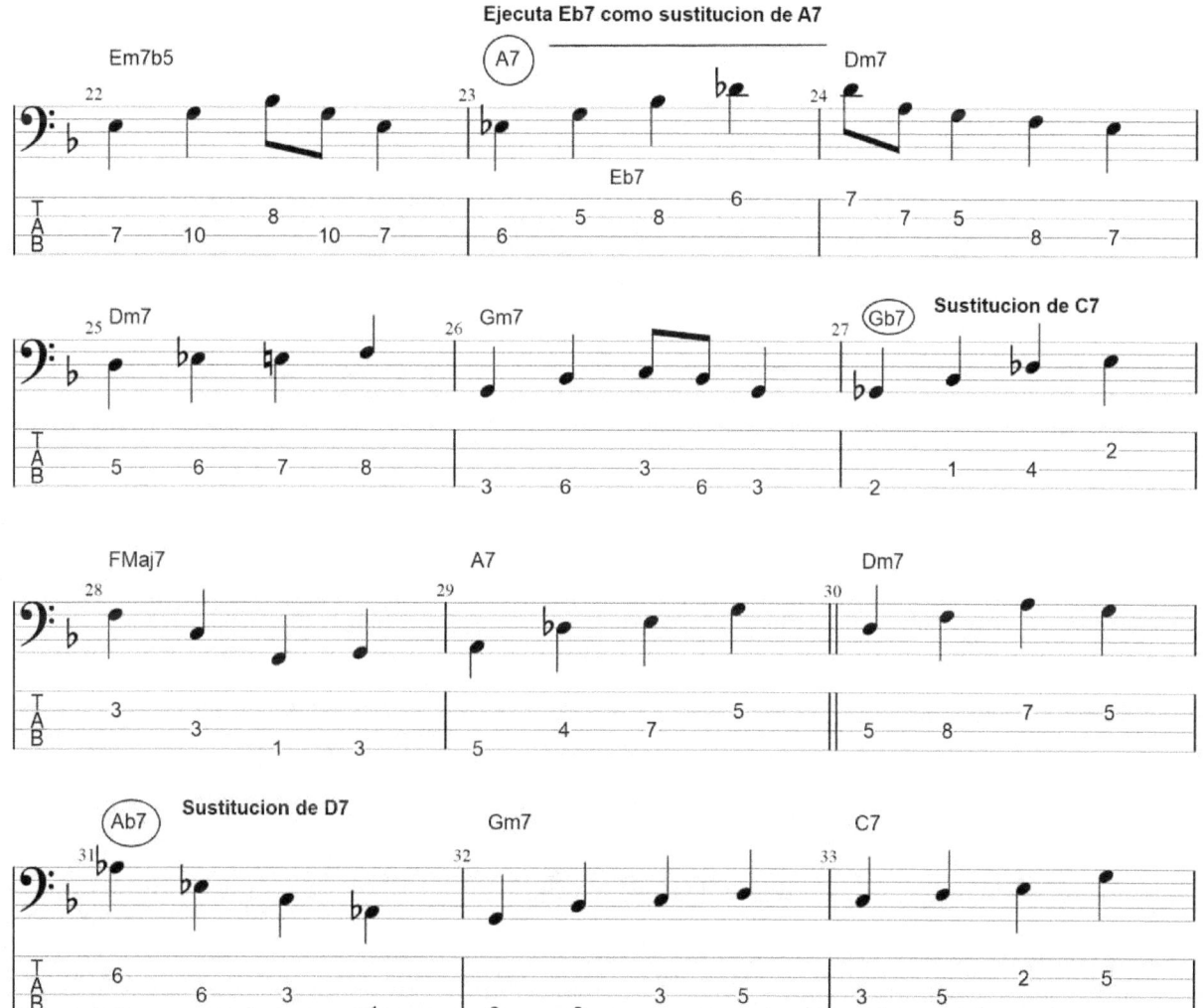